평범한 우리 어린이들을 다음 세대
위인으로 만들어 줄 교과서 위인 이야기!
효리원의 교과서 위인 이야기는 초등학교
교과 과정에 나오는 국내외 위인들을, 우리나라
최고 아동 문학가 53인이 재미있게 동화로 구성했습니다.
지혜와 용기로 위대한 삶을 산 위인들의 이야기는,
어린이들의 마음속에 '나도 할 수 있다.'는
희망의 씨앗을 심어 줄 것입니다!

일러두기

1. 띄어쓰기와 맞춤법 : 초등학교 국어 교과서와 국립국어원의 『표준국어대사전』을 기준으로 하였습니다.
2. 외래어 지명과 인명 : 국립국어원의 『외래어 표기 용례집』을 기준으로 하였습니다.
3. 이해가 어려운 단어 : ( ) 안에 뜻풀이를 하였습니다.
4. 작가 연보 : 연도와 함께 나이를 표기하고, 업적을 간략히 소개하였습니다. 우리나라 위인은 태어난 해를 한 살로 하였고, 외국 위인은 만 나이로 태어난 다음 해를 한 살로 하였습니다. 정확한 자료가 없는 위인은 연도와 업적만을 나타냈습니다.
5. 내용 구성 : 위인의 삶은 역사적 자료를 바탕으로 최대한 사실적으로 구성하였습니다. 그러나 읽는 재미를 위해 대화 글이나 배경 묘사, 인물의 감정 표현 등에 작가의 상상력을 더했습니다.
6. 그림 구성 : 문헌을 바탕으로 위인이 살던 시대를 충실히 나타내도록 하되 복식의 색상이나 장식, 소품, 건물 등은 작가의 상상으로 그렸습니다.
7. 내용 감수 : 각 분야의 전문가들로 구성된 편집 위원들이 꼼꼼히 감수를 하였습니다.

편집 위원

김용만(우리역사문화연구소장)
교과서에서 만나는 위인들을 중심으로 일화와 함께 그림과 사진을 곁들여 지루하지 않게 읽을 수 있습니다. 술술 읽다 보면 학교 공부에도 많은 도움이 될 것입니다.

신현득(동시인, 전 새싹회 회장)
우리가 자주 듣고 접하는 역사 속 실존 인물들이 자신의 꿈을 이루기 위해 어떻게 노력했는지 깨달아 가면서 우리 어린이들은 한층 더 성숙해질 것입니다.

윤재운(동북아역사재단 연구 위원)
위인전을 읽으면서 어린이들은 시대를 넘어 간접 체험을 할 수 있습니다. 어떻게 살아야 하는지 인생에 대한 동기 부여와 함께 삶이 보다 풍요로워질 것입니다.

이은경(철학 박사, 전북과학대 유아교육학과 교수)
한 사람의 인격과 품성은 어릴 때 형성됩니다. 따라서 초등학교 저학년 때 어떤 책을 읽느냐에 따라 생각의 크기가 달라집니다. 어린이의 미래를 위해 이 책은 꼭 읽어야 합니다.

이창열(하버드 대학교 물리학 박사, 전 국가과학기술자문회의 전문 위원)
세상을 바꾼 위대한 인물의 이야기는 어린이의 인성 및 감성 발달에 큰 영향을 미칠 뿐 아니라 실험 정신과 개척 정신을 길러 줍니다. 용기와 지혜로 세상을 헤쳐 나가는 당당한 어린이를 꿈꾼다면 이 책은 꼭 한번 읽어 보아야 합니다.

정재도(한글학자)
위인으로 일컬어지는 이들은 어떤 생각을 하고, 어떤 삶을 살았을까요? 그들의 흔적을 담은 위인전은 복잡한 현대를 이끌어 갈 우리 어린이들에게 나침반과 같은 역할을 할 것입니다.

조수철(서울대학교 의과대학 소아정신과 교수)
위인전은 시대와 신분, 업적이 다른 위인들의 삶이 다양하고 흥미롭게 구성되어 있어 손쉽게 여러 삶의 모습을 만날 수 있습니다. 용기 있게 고난을 헤쳐 나간 위인의 이야기를 통해 삶의 지혜를 배울 수 있을 것입니다.

거북선을 만들어 왜적을 물리친 충무공
이순신

김병규 글 / 이태호 그림

이 책을 읽는 학부모님과 선생님께

이순신 장군은 우리 역사상 가장 훌륭한 위인 가운데 한 분입니다. 하지만 분명히 알아 두어야 할 것은, 이순신은 신과 같은 존재가 아니라 단점도 있고 약한 면도 있는 사람이라는 것입니다. 그래서 더 위대한 영웅이라고 할 수 있겠지요.

우리 어린이들이 이순신의 전기를 읽으면서 다음과 같은 점을 깨닫고 마음속에 새기도록 이끌어 주시기 바랍니다.

첫째, 이순신은 싸움꾼이 아니라 뛰어난 전략가요, 전술가였습니다. 싸움에 앞서 언제나 우리 군사와 적의 군사를 살펴 비교하고, 바닷물의 빠르기와 파도의 높이, 바람의 방향 등을 따져서 유리한 환경을 만들었습니다. 그래서 적은 군사로도 반드시 이기는 싸움을 할 수 있었지요.

둘째, 이순신은 창의적인 지도자였습니다. 유명한 거북선도 창의의 산물이지요. 그는 부두에 배를 묶는 돌기둥을 세울 때에도 사람의 형상으로 만들어 적들에게 병사처럼 보이도록 했습니다.

셋째, 앞을 내다보고 미리 대비하는 자세를 갖추고 있었습니다. 운이 좋아 매번 승리를 손에 넣은 것이 아니라, 이런 대비가 기적 같은 승리를 일구어 낸 것이었습니다.

넷째, 어려움을 극복하는 의지가 남달랐습니다. 병들고 다친 몸으로도 강한 적과 맞서 죽음을 무릅쓰고 싸웠으며, 임금도 대신들도 선배 장수도 돕지 않았지만, 오로지 나라와 백성을 생각하며 왜적을 이 땅에서 몰아냈습니다.

다섯째, 인정이 많고 효성이 지극했으며, 가족을 사랑했습니다.

이 책을 통해 어린이들이 이순신 장군의 참모습을 알고, 진실한 감동을 느낄 수 있도록 이끌어 주시기 바랍니다.

머리말

위인전을 읽다 보면 모두들 훌륭하다거나 정말 뛰어난 인물이라는 생각이 듭니다. 그런데 이순신 장군의 전기에서는 유난히 '고맙다.'라는 생각에 가슴이 뭉클합니다.

왜 그럴까요? 그 까닭은 이순신 장군이 진정으로 나라와 백성을 사랑했기 때문입니다.

이순신 장군은 나라에 이바지하는 본보기를 보여 줄 뿐 아니라 바른 삶에 대한 큰 가르침도 주고 있습니다.

그래서 당시는 물론이고 지금까지도 한결같이 모든 국민들에게 우러름을 받는 것입니다.

어린이들이 꼭 읽어야 하고, 특히 감사한 마음으로 읽어야 하는 위인전으로 첫손가락에 꼽는 것이 바로 이 이순신 장군의 전기입니다.

글쓴이 김병규

차례

큰 동상의 장군 — 10

아름다운 큰 칼 — 13

나라는 누가 지키나 — 17

말에서 떨어져도 정신만 차리면 — 20

잘 싸우고도 죄인이 되다 — 26

올곧고 따뜻한 인품 — 32

조선과 일본과 명나라 — 35

치밀한 준비 — 38

아아, 거북선! — 45

흰옷 입은 이순신 — 52

다시 돌아온 우리 장군님 — 59

내 죽음을 알리지 마라 — 63

이순신의 삶 — 71

읽으며 생각하며! — 72

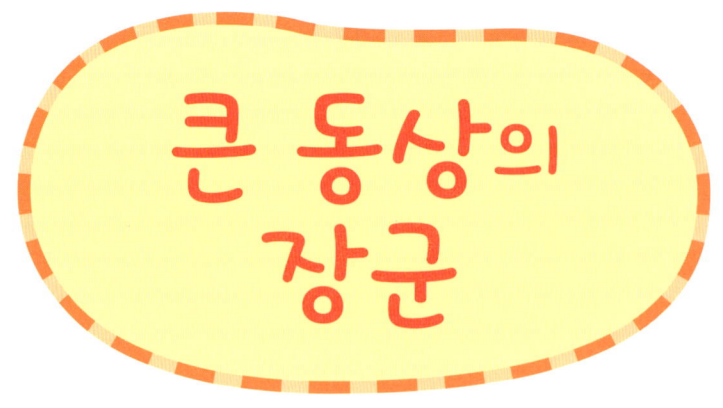

큰 동상의 장군

　우리나라의 중심은 서울입니다. 그 서울의 한가운데에 경복궁이 있습니다. 북악산 아래에 있는 경복궁은 조선 시대의 궁궐입니다. 조선의 궁궐로는 창경궁, 창덕궁, 덕수궁 등이 있지만, 경복궁이 중심 궁궐이었지요. 임금님이 주로 이곳에서 살며 나랏일을 보았답니다.

　경복궁의 남쪽 정문이 광화문입니다. 2층 지붕의 광화문 앞으로 쭉 뻗어 있는 아주 넓은 길을 세종로라고 합니다.

　이 서울 중심 거리의 한복판에 아주 큰 동상이 세워져 있습

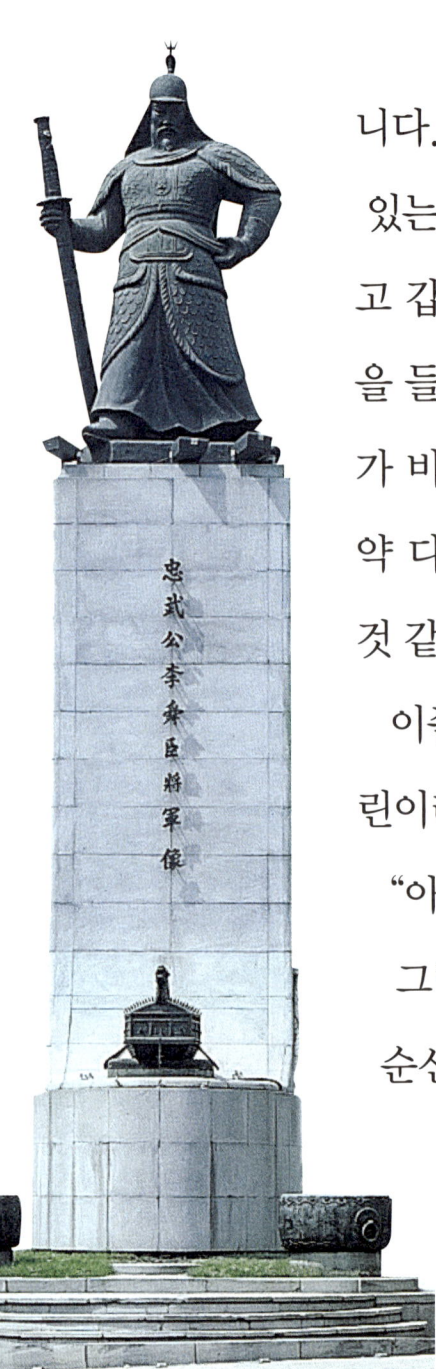

이순신 장군 동상 | 서울 세종로 한가운데에 있습니다.

니다. 경복궁을 등진 채 남산을 바라보며 서 있는 늠름한 장군의 동상입니다. 투구를 쓰고 갑옷 차림인 장군은 오른손에 커다란 칼을 들었습니다. 장군의 동상이 없이 그 자리가 비어 있다면 서울이 허전할 것입니다. 만약 다른 사람의 동상이 세워졌다면 어색할 것 같기도 합니다.

이쯤 이야기하면, 서울에 가 보지 않은 어린이라도 누구의 동상인지 알아채겠지요?

"아, 이순신 장군님의 동상이군요!"

그렇습니다. 이곳에는 한자로 '충무공 이순신 장군상'이라고 쓰여 있습니다.

왜 서울 한복판에 이순신 장군의 동상을 세웠을까요?

그것은 바로 우리 역사에서 으뜸가는 훌륭한 분이라서 그럴 것입니다.

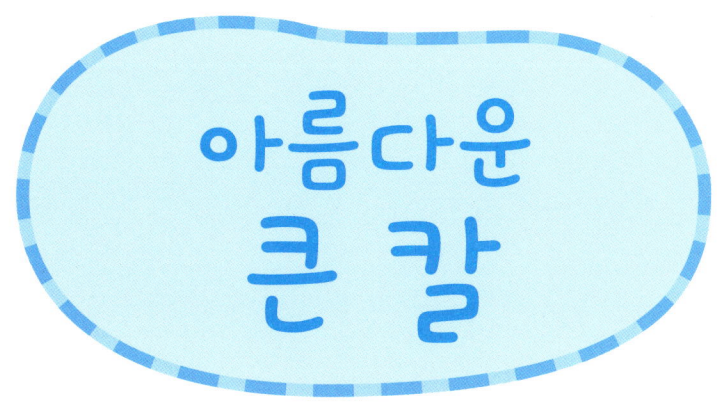

아름다운 큰 칼

　충청남도 아산시 염치읍 백암리 방화산 기슭에 현충사가 아늑히 자리를 잡고 있습니다. 우리 장군, 이순신의 사당입니다. 그곳에는 장군이 살았던 옛집, 물을 마셨던 우물, 무술을 닦았던 활터가 있습니다. 그리고 장군의 영정을 모신 현충사와, 거북선 모형과 무기 등을 전시한 유물 전시관도 꾸며 놓았습니다.

　현충사 둘레의 싱싱하게 푸른 소나무들을 보면 이런 생각이 듭니다.

'장군님의 나라 사랑 마음이 저런 색깔일 거야.'

뜰과 잔디 위에 쏟아지는 햇살은 더할 나위 없이 따뜻합니다.

'백성을 위하는 마음이 저렇게 한결같으셨지.'

가을에 잎이 노랗게 물든 은행나무를 보면 또 느낌이 옵니다.

▲ **활터** | 이순신 장군이 살던 옛집 옆에 있습니다.
◀ **현충사 본전** | 이순신 장군의 영정을 모신 사당으로, 한국식 청기와 지붕의 62평 건물입니다.

'나라 걱정에 잠 못 이룰 적엔 머릿속이 저랬을 테지.'

풀꽃 한 송이는 이순신 장군의 눈빛이자 미소이고, 돌멩이 하나는 억울함의 응어리 하나입니다. 스치는 바람 한 줄기는 한숨입니다.

유물 전시관에 들어서면, 바른쪽 벽에 커다란 칼 두 자루가 걸려 있습니다. 이순신 장군의 칼입니다.

　서울 세종로의 동상이 들고 있는 바로 그 칼이지요. 길이 197.5센티미터, 무게 5.3킬로그램으로, 길고 무거운 칼입니다. 힘센 어른도 마음대로 들고 휘두를 수 없을 정도랍니다.
　지금도 날이 날카롭게 섰고, 약한 빛에서도 번득거립니다. 이 칼은 우리에게 큰 위안을 줍니다. 적으로부터 백성을 지켜 준 칼이니까요.

이순신은 1545년 3월 8일, 양력으로는 4월 28일에 서울에서 태어났습니다. 가난한 선비였던 아버지의 성은 덕수 이씨, 이름은 정이었습니다. 어머니는 초계 변씨였고요. 이순신은 이 집의 네 아들 가운데 셋째 아들이었습니다.

어느 날, 아이들 한 무리가 서당에서 나왔습니다.

"야, 우리 군사놀이 하자."

불쑥 나타난 이순신이 그들 앞을 막아서며 말했습니다.

"안 돼. 오늘 훈장님이 숙제를 왕창 내주셨단 말이야."

아이들은 서로 눈치를 보며 저마다 핑계를 댔습니다.

"나도 안 돼. 집에 빨리 가야 해."

잠자코 듣고 있던 이순신이 아이들을 둘러보며 나직이 물었습니다.

"모두 글공부만 하면, 나중에 나라는 누가 지켜?"

"……."

아이들은 고개를 숙인 채 코만 훌쩍거렸습니다.

이순신 장군 영정 | 이순신 장군이 삼도 수군을 지휘한 곳인 제승당에 봉안된 영정입니다.

"남쪽 왜적이나 북쪽 오랑캐가 쳐들어오면 우리가 막아야 한다. 그러니까 글공부보다 군사놀이가 더 중요해."

이순신은 직접 만든 나무칼과 활을 아이들에게 하나씩 나누어 주었습니다.

신나는 군사놀이가 시작되었습니다. 어느새 동네 아이들이 몰려들어 구경하고 있었습니다. 이 구경꾼들은 대장 이순신이 나무칼을 휘두를 때마다 '와와' 소리를 질러 댔습니다.

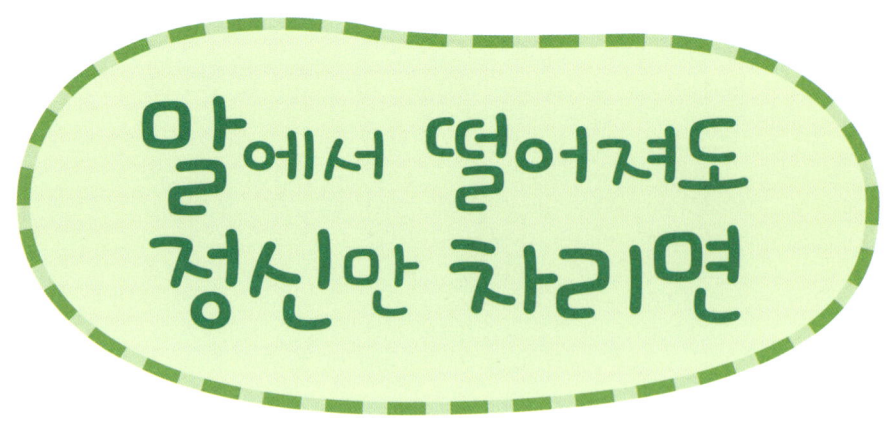

말에서 떨어져도 정신만 차리면

　이순신네 집은 아주 가난했습니다. 형편이 더 어려워지자, 아버지는 가족들을 이끌고 충청남도 아산시 염치읍 백암리로 내려갔습니다. 이순신이 아홉 살 되던 무렵이었습니다. 백암리는 그의 외가 마을로, 지금의 현충사 자리입니다.

　이순신은 백암리에 내려온 뒤부터 본격적으로 무예를 익히기 시작했습니다.

　이순신은 스물여덟 살 때 무관(군인)을 뽑는 과거를 보았습니다. 그때는 이미 상주 방씨와 결혼해 두 아들까지 두었으

니, 꽤 늦은 나이에 과거를 본 셈입니다.

 과거 시험에서 드디어 이순신의 차례가 되었습니다. 이순신은 말을 타고 날쌔게 달리며, 활을 쏘아 과녁을 맞혔습니다. 역시 달리는 말 위에서 긴 창을 휘둘러 목표물에 명중시켰습니다.

 시험관이나 구경꾼 모두 홀린 듯이 그 젊은이를 지켜보았습니다. 바로 그때였습니다.

 "앗!"

 모두의 입에서 한꺼번에 짤막한 비명이 터져 나왔습니다. 말이 거꾸러지면서 젊은이도 맨땅에 내동댕이쳐졌던 것입니다. 사람들은 그 젊은이가 죽은 줄로만 알았습니다. 모두들 숨을 죽인 채 바라보았습니다.

 "어, 어? 저기 봐!"

 젊은이가 굼틀굼틀했습니다. 이어서 두 손으로 땅을 짚고 몸을 일으켰습니다. 젊은이는 어금니를 꽉 물고서 한 다리로 일어섰습니다. 다리를 질질 끌며 옆에 선 버드나무 쪽으로 옮겨

갔습니다. 버드나무 가지를 꺾더니, 그 껍질을 벗겨 다친 다리의 장딴지를 친친 동여맸습니다.

한산정에서 바라본 활터 | 이순신 장군이 활을 쏘던 곳으로, 한산정과 과녁과의 거리는 145m. 화살이 바다 위를 날아가는 활터는 이곳밖에 없습니다.

그러고 나서 다시 말에 훌쩍 올라 박차(말을 빨리 달리게 하기 위해 신발 뒤축에 댄, 쇠로 만든 톱니 모양의 물건)를 가했습니다.

말은 고개를 쳐들며 '히히힝' 소리를 지르고는 힘차게 내달렸습니다.

이순신은 조금 늦긴 했지만 마지막 목적지까지 이르렀습니다. 옷 밖으로 피가 배어 나왔고, 신에도 흥건히 고여 질척거렸습니다. 그제야 그의 다리가 부러진 것을 알게 된 사람들은

깜짝 놀랐습니다.

"예사 젊은이가 아니로군. 진짜 장군감이야!"

그날 장안에는 장원한 사람보다도 말에서 떨어진 젊은이의 이야기를 하는 사람들이 더 많았습니다. 시험관들도 말에서 떨어진 탓에 그를 불합격시키긴 했지만, 침착하고 용감한 이순신의 태도에 깊은 인상을 받았답니다.

그로부터 4년 뒤인 1576년 2월, 이순신은 서른두 살의 나이로 무과에 급제했습니다.

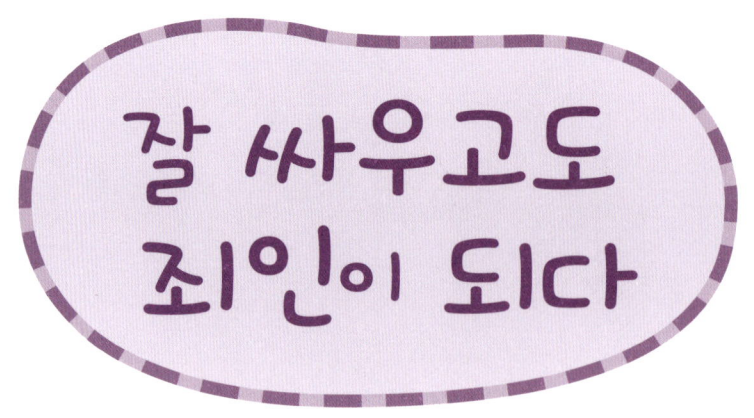

과거에 급제하던 해 12월, 이순신은 함경도 동구비보에 권관으로 갔습니다. 육군 초급 장교로 처음 벼슬살이를 시작했던 것입니다.

몇몇 자리를 거쳐 마흔두 살 때인 1586년, 이순신은 다시 함경도 조산보 만호로 옮겨 갔습니다. 우리 땅의 꼭대기인 이곳은 걸핏하면 여진족 오랑캐들이 쳐들어와 말썽을 일으키는 지역이었습니다.

이듬해 이순신은 녹둔도(함경도에 있는 섬)의 둔전관 직책까지 맡았습니다. 나라에서는 두만강 어귀에 있는 이 섬에 논밭을 일구고 농사를 지어 군사들의 양식으로 쓸 계획을 세웠던 것입니다. 이런 농토를 둔전이라 하고, 이 일의 책임자를 둔전관이라고 부르지요.

　이순신은 섬 둘레에 나무 울타리를 치고, 수백 가구의 백성들로 하여금 이곳으로 이사 와 농사를 짓게 했습니다. 그런데 군사가 적은 것이 걱정이었습니다.

　"애써 농사를 지어도 오랑캐가 와서 훔쳐 가 버리면 그만인 것을……."

벼가 누렇게 익자, 오랑캐가 침입해 왔습니다. 이순신의 예상이 딱 들어맞은 것입니다. 공교롭게도 벼를 거두러 나간 뒤라 남은 군사가 몇 안 되었습니다. 짙은 안개 탓에 오랑캐의 수가 얼마나 되는지도 알 수 없었습니다.

"문을 굳게 닫아걸어라!"

이순신은 차분하게 맞서면서 시간을 끌었습니다. 군사는 겨우 10여 명이었지만, 다행히 평소에 철저히 훈련이 되어 있던 터라 겁먹지 않고 잘 대항했습니다. 안개가 조금 걷히자, 앞쪽에 붉은 털옷 차림의 몸집 큰 사내 몇이 보였습니다.

"붉은 털옷을 입은 놈들만 겨냥해서 쏴라!"

명령을 내리면서, 동시에 이순신도 화살을 날렸습니다.

그 화살을 맞고 붉은 옷 하나가 쓰러졌습니다. 군사들도 집중해서 활을 쏘았습니다. 붉은 옷을 입은 적장들이 잇따라 고꾸라졌습니다.

당황한 오랑캐들이 슬금슬금 물러나기 시작했습니다. 하지만 어느새 곡식을 훔치고, 백성들도 끌고 갔습니다.

마침 벼를 베러 나갔던 군사들이 돌아와 함께 오랑캐를 뒤쫓았습니다. 그때 오랑캐의 화살 하나가 이순신의 왼쪽 다리에 박혔습니다. 이순신은 아무도 눈치채지 못하게 화살을 뽑아 버리고, 계속 추격했습니다.

그래서 잡혀가던 백성 50여 명을 도로 찾고, 끝내 오랑캐를 몰아냈습니다. 하지만 우리 백성과 수비병 10여 명이 숨졌고, 160여 명이 끌려갔습니다.

이날 싸움에서 이순신이 이긴 걸까요, 진 걸까요? 잘 싸운 것 같은데 피해도 컸으니, 판단하기가 쉽지 않습니다.

얼마 뒤, 나라에서는 이순신에게 계급도 없이 싸움터에 나가라는 벌을 내렸습니다. 백의종군이라는 것이었습니다.

그해 겨울, 이순신은 두만강 건너 오랑캐 마을을 쳐서 공을 세움으로써 이 억울한 죄인의 신분에서 벗어났답니다.

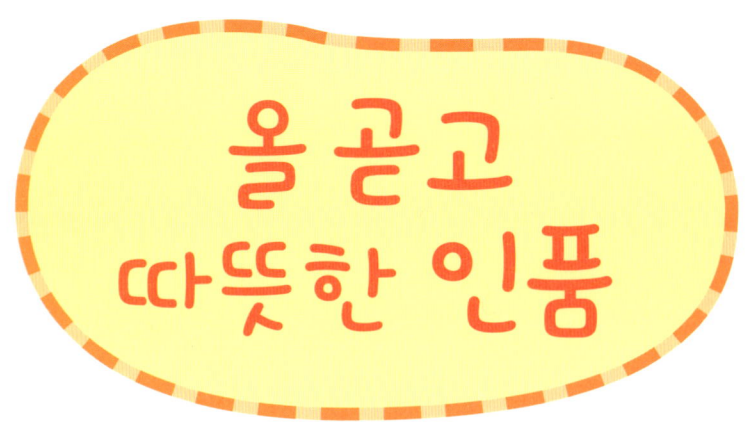

올곧고 따뜻한 인품

　이순신이 발포 만호로 있을 때, 전라 좌수사 성박이 사람을 보내 객사 마당의 오동나무를 베어 가려고 했습니다.

　"오동나무를 어디에 쓴다고 하시더냐?"

　"거문고를 만드실 것인가 봅니다."

　"뭐라고? 이 나무는 나라의 것이다. 좌수사 영감이라 해도 어찌 사사로이 쓰고자 베어 갈 수 있단 말이냐?"

　이순신은 이렇게 좋은 말로 타일러서 그를 돌려보냈습니다. 성박은 벼슬이 한참 아래인 이순신이 제 말을 듣지 않는다고

화를 냈습니다. 하지만 끝내 오동나무를 베어 가지는 못했습니다. 이순신의 말이 옳았으니까요.

 1589년에 이순신은 정읍의 현감으로 부임했습니다. 그때 이

순신은 일흔다섯 살의 어머니를 비롯해, 자그마치 스물네 명의 대가족을 거느리고 있었습니다. 세상을 떠난 두 형의 가족까지 거두고 있었거든요. 이런 형편을 두고 뒤에서 수군거리는 이도 있었습니다. 당시엔 관리가 가족들을 너무 많이 거느리고 있으면 벼슬자리에서 쫓아내기도 했답니다. 나랏일을 하는 데 방해가 된다고 여겼나 봐요.

"의지할 데 없는 조카들을 어찌 돌보지 않을 수 있겠는가? 이것이 문제가 된다면 벼슬을 그만두어야지."

이렇게 말하며 이순신은 조카들을 따뜻하게 보살폈습니다.

조선과 일본과 명나라

　바다 건너 일본은 무사들 천지였습니다. 장수들이 전국 곳곳에서 무사들을 모아 서로 힘을 겨루었기 때문입니다. 그들은 100년에 걸쳐 이렇게 서로 싸움질을 해 왔습니다. 그러다가 1590년, 도요토미 히데요시가 일본을 통일했습니다.

　그동안 싸움꾼 무사가 늘어남에 따라 군대는 매우 강해졌습니다. 서양에서 조총이라는 새로운 무기까지 들여와 쓰게 되었습니다.

　통일이 되어 이런 막강한 힘이 남아돌자 일본은 이웃 나라를 넘보았습니다. 한반도 북쪽으로는 명나라가 있었습니다. 명나라는 덩치만 클 뿐 힘 빠진 쭉정이(껍질만 있고 알맹이가 들어 있지 않은 곡식이나 과일, 한마디로 쓸모없게 되어 구실을 제대로 못하는 것을 말함)였습니다. 이러한 사정을 훤히 알고 있는 일본은 먼저 조선을 삼키고, 다시 명나라를 삼킬 궁리를 했습니다. 그런데 우리 조선은 아무 대비도 않고 그저 명나라만 믿고 있었습니다.

"명나라를 치러 갈 테니 길을 내 달라."

일본은 조선에 사신을 보내 이렇게 요구했습니다. 마치 칼을 들이대는 듯 섬뜩한 협박이었습니다. 조선은 일본의 요구를 들어줄 수 없었습니다. 길을 비켜 주면 조선은 절로 일본에게 먹히는 꼴이 되고 말 테니까요.

그러자 일본은 자기네 말을 듣지 않는다고 조선을 공격했습니다. 임진왜란이 시작된 것입니다.

치밀한 준비

　임진왜란이 일어나기 14개월 전인 1591년 2월, 전라 좌수사로 임명된 이순신은 머지않아 일본이 쳐들어올 것을 미리 내다보고 수군을 열심히 훈련시켰습니다. 군대의 식량으로 쓸 쌀도 마련해 두었습니다.

　봉수대(봉화를 올리는 둑)를 쌓고, 참호(적과 싸울 때 몸을 숨기기 위해 판 구덩이)를 팠습니다. 화약도 부지런히 만들고, 낡은 무기와 배는 서둘러 손질했습니다.

　"일본 배와 맞붙어 싸울 새로운 배를 만들어야겠다."

이순신은 장수들과 배 만드는 기술자들을 불러 놓고 함께 궁리했습니다.

먼저 일본 배를 연구했습니다. 그때의 일본 배는 해적선과 같았습니다. 실제로 일본 수군 가운데는 조선과 명나라에서 노략질을 일삼는 해적이 많았답니다.

해적들은 대포를 쏘지 않습니다. 불도 지르지 않습니다. 그러면 도둑질할 물건도 함께 가라앉거나 불타 버리니까요.

일본 배 앞쪽에는 대나무로 엮은 문짝 같은 것이 달려 있었습니다. 상대 배와 조금 떨어져 있을 때는 화살을 막는 방패막이 구실을 하지만, 상대 배를 세우고서 이 문짝을 내리면 그 배로 건너가는 다리가 됩니다.

이렇게 상대의 배에 우르르 올라타서 칼로 치고는 무엇이든 빼앗았던 것입니다.

이순신은 이런 일본 수군의 전략에 맞설 수 있는 새로운 배를 만들었습니다. 바로 거북선입니다.

조선 수군의 싸움배는 널빤지로 지붕을 덮은 판옥선이었는

데, 이것을 좀더 새롭게 보강한 배였습니다.

  거북선은 지붕을 거북의 등처럼 만들었습니다. 그리고 그 등에 십자(十)로 좁은 길을 내서 사람이 다닐 수 있게 했습니

다. 나머지 부분은 철판으로 덧씌우고, 그 위에 송곳처럼 뾰족한 쇠못을 촘촘히 꽂아 두었습니다. 안에서는 밖을 내다볼 수 있으나, 밖에서는 안을 엿볼 수 없었습니다.

거북선 앞에는 용 머리를 달고, 뒤에는 거북 꼬리를 달았습니다. 용의 입은 총구멍이었고, 거북 꼬리 아래에도 총구멍이 있었습니다. 왼쪽과 오른쪽 옆으로도 총구멍을 여섯 개씩 뚫어 놓았습니다.

거북선 한 척에는 130여 명의 군사들이 탔으며, 각각 활쏘기와 대포 쏘기, 노 젓기를 나누어 맡았습니다.

거북선이 완성된 것은 1592년 4월 12일이었습니다.

그다음 날 일본 싸움배 700여 척이 부산 앞바다에 쳐들어왔고, 이틀 뒤인 14일에는 일본군 선봉(맨 앞에 나서서 작전을 수행하는 군대) 5만여 명이 부산에 상륙했습니다.

뒤따라온 군사까지 합쳐 15만에 이르는 일본군은 조선 땅을 짓밟으며 거침없이 나아갔습니다. 집을 불사르고, 죄 없는 백성들을 마구 죽였습니다.

4월 30일, 선조 임금은 한성을 버리고 의주로 피했습니다. 5월 2일에는 일본군에게 한성을 빼앗겼습니다.

그런데 금세 우리나라를 집어삼킬 것 같던 일본은 뜻대로 하지 못하고 머뭇거렸습니다. 왜 그랬을까요? 이순신이 바다를 꼭꼭 지키고 있었기 때문입니다.

바닷길이 막혀 있어 일본에서 무기와 식량 등을 보낼 수가 없었습니다. 뒤를 받쳐 줄 군사도 건너오지 못했습니다.

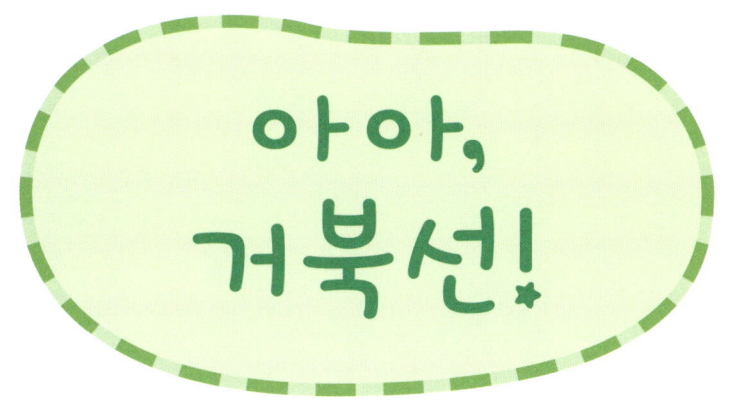

　5월 4일, 드디어 이순신이 여수를 출발했습니다. 거북선 3척과 싸움배 23척으로 이루어진 이순신의 함대는 3일 뒤 옥포 앞바다에서 일본 배 30여 척과 마주쳤습니다. 조선 수군들은 '와와' 소리를 지르며 힘차게 노를 저었습니다. 곧 일본 배를 에워싸고 화살과 대포를 쏘아 댔습니다. 일본 군사들도 조총을 쏘며 맞섰습니다. 잘 훈련된 이순신의 군사들은 쉽게 일본군을 무찔렀습니다. 일본 수군의 크고 작은 싸움배 26척을 격침시켰습니다.

이 싸움이 바로 옥포 해전입니다. 이 첫 승리로 조선 군사들은 용기와 자신감을 갖게 되었습니다.

두 번째 출전에 나선 이순신의 함대는 5월 29일, 순천 앞바다를 지나 노량에 이르렀습니다.

사천 바다에 12척의 큰 다락배(다락이 있는 배)가 줄지어 있고, 그 위쪽 산 능선에 400여 명의 일본군이 붉고 흰 깃발을 펄럭이며 진을 치고 있었습니다.

이순신은 싸움을 걸었다가, 쫓기는 척하면서 적을 바다로 이끌어 냈습니다.

"자, 이제 거북선을 내보내라!"

이순신은 칼을 뽑아 적진을 가리키며 명령했습니다.

그러자 거북선이 칼로 내지르듯 일본 배들 속으로 곧장 돌진해 들어갔습니다. 용의 입에서는 연기가 푹푹 뿜어져 나왔습니다.

"어, 저게 뭐야?"

일본 수군들은 처음 보는 거북선에 눈이 휘둥그레졌습니다.

거북선이 다가가자, 제 딴으로는 용감한 일본군들이 거북선 위로 뛰어내렸습니다.

그와 동시에 잇따라 비명을 지르며 나동그라졌습니다. 쇠못에 발이 콱콱 찔렸던 것입니다. 고꾸라지는 순간에 또 등과 옆구리가 쇠못에 박혔습니다. 모두 피투성이가 되어 바다로 굴러 떨어졌습니다.

그 모습을 본 일본 수군들은 감히 거북선에 달려들지 못했습니다.

이번에는 거북선을 향해 불을 던졌습니다. 하지만 철판으로 된 거북선에는 불이 붙지 않았습니다. 조총을 쏘아도 철판에 총알이 튕길 뿐 끄떡도 하지 않았습니다. 그러자 일본 싸움배들이 몰려와 거북선을 에워쌌습니다.

이때를 기다리고 있었다는 듯 앞뒤와 양옆 모두 14곳의 총구멍에서 총통(대포)들이 불을 펑펑 뿜었습니다. 일본 배는 불타거나 부서져 물속에 가라앉았습니다. 또, 거북선이 쿵! 들이받자 다락배는 기우뚱하며 넘어졌습니다. 서로 먼저 달아

나려다 자기들끼리 부딪쳐 뒤집히기도 했습니다. 이렇게 해서 일본군의 다락배 12척은 모두 자취를 감추었습니다.

이때부터 일본 수군은 거북선만 보면 도망치기 바빴고, 조선 수군은 일본 배가 아무리 많아도 겁먹지 않고 당당히 싸웠습니다.

한산도 앞 바다 모습 | 이순신 장군은 한산도 앞 바다에서 학익진 전법으로 왜군과 싸워 크게 이겼습니다.

이 사천 싸움을 시작으로 당포·당항포·율포 등 네 차례의 싸움에서 일본 싸움배 72척을 무찌른 것이 바로 당포 대첩입니다.

　그 뒤 이순신은 싸우는 족족 이겼습니다. 일본과 크고 작은 싸움을 23차례나 했지만 한 번도 지지 않았답니다.

흰옷 입은 이순신

이순신의 벼슬도 높아졌습니다.

1593년 8월 1일, 조정에서는 이순신을 전라 좌수사 겸 삼도 수군 통제사로 임명했습니다. 충청·전라·경상남도의 수군 총사령관이 된 것입니다.

일본은 이순신을 없앨 온갖 궁리를 다 했습니다. 마침 일본 군에는 고니시 유키나가라는 잔꾀가 많은 장수가 있었습니다. 그는 조선말을 잘하는 첩자 요시라를 조선 장수한테 보내 솔깃한 거짓말을 하게 했습니다.

"가토 기요마사 장수가 곧 군사를 이끌고 바다를 건너올 것입니다. 그런데 고니시가 그를 미워해 죽이려 하고 있습니다. 이 틈에 조선에서는 이순신을 시켜 일본군을 치도록 하십시오. 내가 가토 장수의 배를 알려 주겠소이다."

이 말을 그대로 믿은 조선 장수들은 선조 임금에게 보고를 했습니다.

"좋은 기회로구나."

어리석게 선조 임금도 깜박 속아 넘어갔습니다. 으뜸 장수 권율을 불러 이순신에게 공격 명령을 내리도록 했습니다. 그리고 그 일본 첩자에게는 상까지 내렸답니다.

하지만 명령을 받은 이순신은 그것이 일본의 속임수임을 대번에 알아차렸습니다.

"왜적이 군사를 숨겨 놓고 우리를 기다리고 있을 것입니다. 우리가 배를 많이 끌고 가면 적이 알게 마련이고, 적게 끌고 나가면 오히려 공격을 당할 게 뻔합니다."

이순신이 정확히 꿰뚫어 보는 바람에 일본군은 뜻을 이루지 못했습니다. 그러자 첩자 요시라를 다시 보내 이순신을 헐뜯기 시작했습니다.

"쯧쯧, 그것 보시오. 내 말을 듣지 않아서 조선의 원수를 갚을 기회를 놓치고 말았잖소. 이순신이 바다를 막지 않아 가토가 군사를 이끌고 조선에 상륙해 버렸소."

이 보고를 받은 선조 임금은 크게 화를 냈습니다. 조정 대신들도 이순신을 그냥 두면 안 된다고 선조 임금을 부추겼습니다.

한편, 이순신은 일본군이 다시 쳐들어올 것에 대비해 양식을 모으고, 무기를 손질하고 있었습니다. 그때 느닷없이 군사들이 들이닥쳐 이순신을 꽁꽁 묶었습니다. 이순신은 돼지우리 같은 수레에 실려 한성으로 끌려갔습니다. 죄목은 어처구니없게도 '임금을 속이고 적을 치지 않았다.'는 것이었습니다. 1597년 2월 26일의 일이었습니다.

이 소문을 들은 수많은 군사들과 백성들이 길가에 나와 울부짖었습니다.

"장군님, 우리 장군님! 저희들을 두고 어디로 가십니까?"

"장군님이 가 버리시면 날뛰는 저 왜적은 누가 막습니까?"

감옥에 갇힌 이순신은 고문까지 당하며 온갖 조사를 다 받았습니다.

화차 | 한 번에 많은 화살을 쏠 수 있습니다. 발사 각도를 45도까지 조절하면서 사전 총통 50개를 장치, 화살을 200발까지 쏠 수 있습니다.

하지만 아무 죄도 찾아내지 못했습니다. 옳은 말을 하는 선비들이 나서서 '장군을 죽이면 나라가 망합니다.'는 글을 임금에게 올렸습니다.

이순신을 죽일 작정을 했던 선조 임금도 하는 수 없이 이렇게 명령했습니다.

"백의종군하여, 공을 세우라!"

이순신은 감옥에서 풀려나 이틀 뒤, 흰옷을 입고 서울을 떠나 남쪽으로 내려갔습니다.

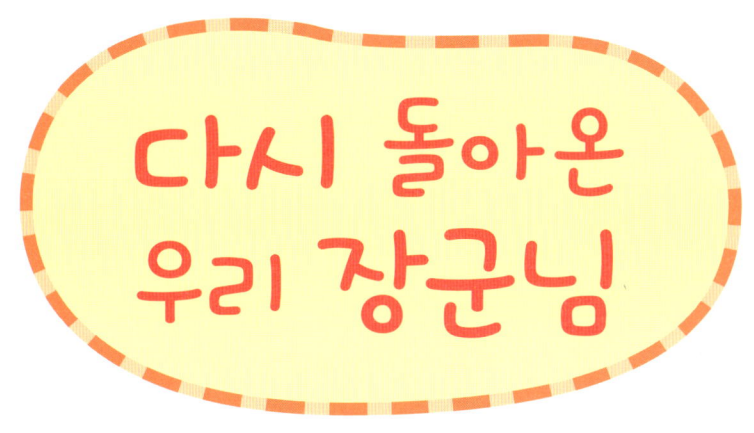

다시 돌아온 우리 장군님

　일본은 '이순신이 없으니 이제 아무 걱정 없다.'며 춤을 추었습니다. 새로 수군 통제사 자리에 오른 원균은 우쭐대며 싸움배 200여 척을 이끌고 바다로 나갔습니다. 절영도 근처에는 일본 싸움배 1,000여 척이 숨어 있었습니다. 원균이 크게 질 수밖에 없었지요.

　원균은 판옥선 20여 척과 군사 400여 명을 잃고 허둥지둥 칠천량으로 물러났습니다.

　원균이 채 정신을 차리기도 전에 일본군이 다시 들이닥쳤습니다. 이미 자신감을 잃은 원균은 군사를 버려 둔 채 혼자 도망을 쳤습니다. 이 칠천량 해전에서 조선의 싸움배 300척 이상이 깨졌고, 삼도 수군은 전멸되었습니다. 그제야 선조 임금은 깜짝 놀랐습니다.

"이순신을 다시 삼도 수군 통제사로 임명한다."

선조 임금은 서둘러 이순신에게 벼슬을 내렸습니다.

흰옷차림으로 남해안을 정찰하고 있던 이순신이 이 소식을 들은 것은 8월 3일이었습니다. 그때 남아 있던 조선 수군이라고는 군사 120명에 싸움배 12척뿐이었습니다. 다섯 달 남짓 전에 이순신이 잡혀가면서 원균에게 넘겨줄 때는 군사 1만 3,000명에 싸움배 130척, 쌀 9,914석, 화약 4,000근, 총통 300자루나 되었는데…….

하지만 이순신은 '아직도 나에게는 12척의 배가 있다.'라고 말했습니다.

"이순신이 돌아왔다!"

이 소문에 일본군은 당황했습니다. 적의 싸움배 수천 척이

복원한 거북선 모습 | 거북선에는 125명에서 130명까지 승선할 수 있습니다.

나타난 것보다 더 겁을 먹었습니다. 남해에는 다시 긴장이 감돌았습니다. 이순신은 군사를 하나둘 모으고, 무기도 차근차근 손질해 나갔습니다. 배도 튼튼히 고치며 곧 닥칠 싸움에 대비했습니다. 조선 수군은 하루하루 달라졌습니다.

내 죽음을 알리지 마라

한 달 조금 더 지나서, 이순신의 수군이 일본군과 싸울 기회가 왔습니다. 명량 바다에서 우리 싸움배 13척과 일본 배 133척이 맞붙은 것입니다. 마치 갓난아기와 어른의 싸움처럼 그 규모를 비교할 수 없을 정도였습니다.

"두려워하지 마라! 왜선 1,000척도 우리 배를 당할 수 없다!"

이순신은 몸소 깃발을 휘두르고 북을 울렸습니다. 조선 수군은 일시에 쳐들어가며 대포를 쏘아 대고, 화살을 날려 마침

내 일본 싸움배 31척을 무찔렀습니다. 그러나 이순신은 곧 닥칠 더 큰 싸움에 대비했습니다.

그러던 중, 전쟁을 일으킨 도요토미 히데요시가 죽었습니다. 이제 일본도 더 싸울 형편이 아니었지요. 일본군은 제 나라로 달아나려고 기회를 엿보았습니다.

"단 한 놈의 왜적도 제 나라로 돌려보낼 수 없다."

이순신은 바다를 더욱 꼭꼭 지켰답니다. 일본군은 독 안에 든 쥐처럼 갇힌 신세였습니다. 이순신은 일본군이 노량 해협으로 빠져나가려는 것을 눈치챘습니다. 노량 해협은 노량과 남해섬의 관음포 사이에 있는 좁은 바다를 가리킵니다.

1598년 11월 19일 새벽 2시, 이순신은 60여 척의 함대를 거느리고 노량 해협에 이르렀습니다. 500여 척의 일본 함대가 노량 해협을 막 빠져나오고 있었습니다.

캄캄한 겨울밤, 파도는 높았으며 바람은 차가웠습니다. 이순신은 갑판에 올라 향을 피우고는 두 손을 모아 간절히 기도했습니다.

"이 원수만 없앨 수 있다면 죽어도 한이 없습니다. 도와주소서."

곧이어 전투가 시작되었습니다. 캄캄한 밤바다에 불화살이

허공을 가르며 날았습니다. '둥둥' 북소리가 울리고, '쾅쾅' 대포 소리가 터져 나왔습니다.

세찬 공격을 당한 일본 배들은 방향을 잃고 허둥댔습니다.

이순신은 겨울철 북서풍을 이용해 불로써 맹렬하게 공격했습니다. 일본 배들은 한 척, 두 척 불타고 깨어지면서 물에 가라앉았습니다. 도망칠 물길이 막히자 일본군은 마지막 힘을 다해 마구잡이로 조총을 쏘아 댔습니다.

마침내 동쪽 하늘이 뿌옇게 밝아 왔습니다. 승리를 눈앞에 둔 이순신은 북을 울리며 힘차게 전투를 지휘했습니다.

그 순간 느닷없이 탄환 한 발이 날아들었습니다.

"슝!"

이순신은 그 탄환을 맞고 그만 갑판 위에 쓰러졌습니다.

"방패로 내 앞을 가려라!"

이순신은 마침 곁에 있던 맏아들 회와 조카 완에게 말했습니다. 죽음을 앞두고도 전투를 걱정하는 마음뿐이었던 것입니다.

"싸움이 급하다. 나의 죽음을 알리지 마라……."

노량 해전도 | 노량 해전 당시 적의 유탄을 맞은 이순신 장군이 '나의 죽음을 알리지 마라'고 유언하는 장면을 그린 그림입니다.

이것이 이순신의 마지막 명령이요, 유언이 되었습니다.

북소리는 계속 울렸고, 싸움은 마지막 고비로 치달았습니다. 싸움이 마무리된 것은 그날 정오 무렵이었습니다. 일본은 전멸하다시피 크게 졌습니다. 겨우 살아남은 일본 장수는 남은 배 50여 척을 이끌고 사천 쪽으로 달아났습니다.

남해 대교 | 노량 해전이 있었던 노량 앞바다의 오늘날 모습입니다.

　전쟁에서 이겼지만, 조선 수군에서는 승리의 함성 대신 슬픔에 겨운 통곡이 터져 나왔습니다. 그제야 이순신의 죽음이 알려졌던 것입니다.

　그날, 7년이나 계속되어 온 조선과 일본의 전쟁이 끝났습니다. 이순신은 나라를 구하고 그렇게 거룩하게 숨을 거두었습니다.

이순신의 삶

연 대	발 자 취
1545년(1세)	3월 8일(양력 4월 28일), 서울 건천동(중구 인현동)에서 태어나다.
1553년(9세)	어머니의 고향인 충청남도 아산으로 이사하다.
1565년(21세)	상주 방씨와 결혼하다.
1572년(28세)	훈련원 별과에 응시하나, 시험 도중 말에서 떨어져 낙방하다.
1576년(32세)	식년 무과의 병과에 합격하다. 함경도 동구비보의 권관이 되어 국경을 수비하다. 후에 『난중 일기』로 이어질 『함경도 일기』를 쓰다.
1580년(36세)	전라도 발포의 수군 만호가 되어 처음 수군과 인연을 맺다.
1583년(39세)	함경도 건원보의 권관이 되다.
1586년(42세)	함경도 조산보 만호로 옮겨 가다.
1587년(43세)	녹둔도의 둔전관을 겸하다. 여진족의 습격을 막아 냈으나, 무고하게 파직되어 백의종군하다.
1591년(47세)	전라 좌수사로 임명되다. 사령관으로서 독자적 작전권을 갖다.
1592년(48세)	4월 12일, 거북선에 올라 총통을 시험 발사하다. 4월 13일, 임진왜란이 일어나다. 일본 싸움배 700여 척이 부산포에 들이닥치다. 4월 14일, 부산이 함락되다. 5월 7일, 옥포 해전에서 일본을 이기다(임진왜란 첫 해전이자 첫 승리). 5월 29일, 거북선이 처음 싸움에 나서다. 6월, 사천·당포·당항포·율포 해전에서 일본 배 72척을 격파하다. 7월, 견내량·안골포 해전에서 일본 배 80여 척을 쳐부수다. 9월, 부산포 해전에서 일본 배 130여 척을 쳐부수다.
1593년(49세)	삼도 수군 통제사로 임명되다.
1597년(53세)	2월 26일, 파직되어 한성으로 압송되다. 3월 4일, 감옥에 갇히다. 4월 1일, 옥살이 28일 만에 풀려나 권율 밑에서 백의종군하다. 8월 3일, 삼도 수군 통제사로 다시 임명되다. 9월, 명량 해전에서 싸움배 13척으로 133척의 일본 배와 싸워 31척을 격파하다.
1598년(54세)	11월 19일(양력 12월 16일), 마지막 싸움인 노량 해전에서 크게 이기고, 총탄에 맞아 전사하다.

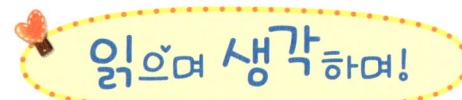

1. 이순신이 만들어 임진왜란을 승리로 이끌었던 배 이름은 무엇인가요?

2. 이순신은 곡식을 빼앗으려 침입한 오랑캐 무리를 몰아내고 붙잡혀 가던 백성들도 구해 냈습니다. 그런데도 우리 쪽 피해가 크다는 이유로 죄를 물어, 벼슬 없이 군대를 따라 싸움터에 나가는 벌을 받게 됩니다. 이것을 무엇이라고 할까요?

> 당황한 오랑캐들이 슬금슬금 물러나기 시작했습니다. 하지만 어느새 곡식을 훔치고, 백성들도 끌고 갔습니다. 마침 벼를 베러 나갔던 군사들이 돌아와 함께 오랑캐를 뒤쫓았습니다. 그때 오랑캐의 화살 하나가 이순신의 왼쪽 다리에 박혔습니다.
>
> 이순신은 아무도 눈치채지 못하게 화살을 뽑아 버리고, 계속 추격했습니다. 그래서 잡혀가던 백성 50여 명을 도로 찾고, 끝내 오랑캐를 몰아냈습니다.

3. 이순신 장군은 1598년, 전투 중에 적의 탄환을 맞고 숨을 거두면서 '나의 죽음을 알리지 마라.'라는 유언을 남겼습니다. 이 전투의 이름은 무엇인가요?

_____

_____

4. 다음은 이순신이 발포라는 지역에서 만호라는 벼슬을 할 때의 일입니다. 다음 글을 읽고 이순신의 성격이 어떻다고 느꼈는지 적어 보세요.

> 이순신이 발포 만호로 있을 때, 전라 좌수사 성박이 사람을 보내 객사 마당의 오동나무를 베어 가려고 했습니다.
> "오동나무를 어디에 쓴다고 하시더냐?"
> "거문고를 만드실 것인가 봅니다."
> "뭐라고? 이 나무는 나라의 것이다. 좌수사 영감이라 해도 어찌 사사로이 쓰고자 베어 갈 수 있단 말이냐?"
> 이순신은 이렇게 좋은 말로 타일러서 그를 돌려보냈습니다. 성박은 벼슬이 한참 아래인 이순신이 제 말을 듣지 않는다고 화를 냈습니다.

_____

_____

_____

5. 군대의 힘이 강해지고 서양에서 새로운 무기까지 들여온 일본은 1592년, 조선과 명나라를 집어삼키고자 전쟁을 시작했습니다. 만약 내가 조선의 임금이었다면 다음과 같은 상황이 벌어졌을 때 어떤 결정을 내렸을까요?

> 한반도 북쪽으로는 명나라가 있었습니다. 명나라는 덩치만 클 뿐 힘 빠진 쭉정이(껍질만 있고 알맹이가 들어 있지 않은 곡식이나 과일, 한마디로 쓸모 없게 되어 구실을 제대로 못하는 것을 말함)였습니다. 이러한 사정을 훤히 알고 있는 일본은 먼저 조선을 삼키고, 다시 명나라를 삼킬 궁리를 했습니다. 그런데 우리 조선은 아무 대비도 않고 그저 명나라만 믿고 있었습니다.
> "명나라를 치러 갈 테니 길을 내 달라."
> 일본은 조선에 사신을 보내 이렇게 요구했습니다.

6. 임진왜란이 일어나기 전, 이순신은 머지않아 일본이 쳐들어올 것을 미리 내다보고는 여러 가지 준비를 해 두었습니다. 이순신은 어떤 대비를 해 전쟁을 승리로 이끌 수 있었나요?

1. 거북선

2. 백의종군

3. 노량 해전

4. 예시 : 자신보다 지위가 높다고 하여도 옳지 않은 일을 할 때는 자신의 생각이나 주장을 굽히지 않는 강직한 성격이라고 느꼈다. 오동나무 한 그루쯤이라면 개인적인 일로 사용해도 크게 문제 될 것 없다고 생각하는 사람도 많겠지만, 이순신은 사소한 것일지라도 자신의 것이 아니라면 함부로 쓸 수 없다고 주장했다. 작은 일에도 자신이 옳다고 생각하는 대로 밀고 나가는 이순신의 모습을 보니 역시 대장군답다는 생각이 든다.

5. 예시 : 선조 임금처럼 나 역시 협박과도 같은 그 요구를 들어주지 않았을 것이다. 만약 길을 내준다면 일본은 조선을 발판으로 삼아 명나라를 점령했을 것이고, 그런 다음 명나라만을 의지하고 있던 조선을 손에 넣기란 식은 죽 먹기였을 것이기 때문이다. 다른 나라가 침략할 엄두를 내지 못하도록 조선이 미리 힘을 길러 두었더라면 임진왜란 같은 전쟁은 일어나지 않았을 것이라는 생각이 들어 안타깝다.

6. 예시 : 바다에 나가 싸울 수군을 열심히 훈련시켰다. 군사들이 식량으로 쓸 쌀을 미리 마련해 두었다. 봉수대를 쌓아 변란을 빨리 알릴 수 있도록 했다. 참호를 파 위급한 상황을 만나면 군사들이 몸을 피할 수 있도록 했다. 화약을 넉넉히 만들어 두었다. 낡은 무기와 배를 손질해 두었다. 일본의 배를 연구해 여기에 맞설 수 있는 새로운 배 '거북선'을 만들었다.

역사 속에 숨은 위인을 만나 보세요!

한국사

- 광개토태왕 (374~412)
- 을지문덕 (?~?)
- 연개소문 (?~666)
- 김유신 (595~673)
- 대조영 (?~719)
- 왕건 (877~943)
- 장보고 (?~846)
- 강감찬 (948~1031)
- 최무선 (1328~1395)
- 황희 (1363~1452)
- 세종대왕 (1397~1450)
- 장영실 (?~?)
- 신사임당 (1504~1551)
- 이이 (1536~1584)
- 허준 (1539~1615)
- 유성룡 (1542~1607)
- 한석봉 (1543~)
- 이순신 (1545~)
- 오성 한음 (오성 1556~1618 / 한음 1561~1613)

주요 사건
- 고조선 건국 (B.C. 2333)
- 철기 문화 보급 (B.C. 300년경)
- 고조선 멸망 (B.C. 108)
- 고구려 불교 전래 (372)
- 신라 불교 공인 (527)
- 고구려 살수 대첩 (612)
- 신라 삼국 통일 (676)
- 대조영 발해 건국 (698)
- 장보고 청해진 설치 (828)
- 견훤 후백제 건국 (900)
- 궁예 후고구려 건국 (901)
- 왕건 고려 건국 (918)
- 귀주 대첩 (1019)
- 윤관 여진 정벌 (1107)
- 고려 강화로 도읍 옮김 (1232)
- 개경 환도, 삼별초 대몽 항쟁 (1270)
- 최무선 화약 만듦 (1377)
- 조선 건국 (1392)
- 훈민정음 창제 (1443)
- 문익점 원에서 목화씨 가져옴 (1363)
- 임진왜란 (1592~1598)
- 한산도 대첩 (1592)
- 허준 동의보감 완성 (1610)
- 병자호란 (1636)
- 상평통보 전국 유통 (1678)

| B.C. | 선사 시대 및 연맹 왕국 시대 | A.D. 삼국 시대 | 698 남북국 시대 | 918 고려 시대 | 1392 |

2000 · 500 · 400 · 300 · 100 · 0 · 300 · 500 · 600 · 800 · 900 · 1000 · 1100 · 1200 · 1300 · 1400 · 1500 · 1600

| B.C. 고대 사회 | A.D. 375 중세 사회 | 1400 |

세계사

- 석가모니 (B.C. 563?~B.C. 483?)
- 예수 (B.C. 4?~A.D. 30)
- 칭기즈 칸 (1162~1227)

주요 사건
- 중국 황하 문명 시작 (B.C. 2500년경)
- 인도 석가모니 탄생 (B.C. 563년경)
- 알렉산더 대왕 동방 원정 (B.C. 334)
- 크리스트교 공인 (313)
- 게르만 민족 대이동 시작 (375)
- 로마 제국 동서로 분열 (395)
- 수나라 중국 통일 (589)
- 이슬람교 창시 (610)
- 수 멸망 당나라 건국 (618)
- 러시아 건국 (862)
- 거란 건국 (918)
- 송 태종 중국 통일 (979)
- 제1차 십자군 원정 (1096)
- 테무친 몽골 통일 칭기즈 칸이 됨 (1206)
- 원 제국 성립 (1271)
- 원 멸망 명 건국 (1368)
- 잔 다르크 영국군 격파 (1429)
- 구텐베르크 금속 활자 발명 (1450)
- 코페르니쿠스 지동설 주장 (1543)
- 도요토미 히데요시 일본 통일 (1590)
- 독일 30년 전쟁 (1618)
- 영국 청교도 혁명 (1642~164?)
- 뉴턴 만유인력의 법칙 발견 (1665)

인물/사건																	
정약용 (1762~1836)			주시경 (1876~1914)														
김정호 (?~?)			김구 (1876~1949) 안창호 (1878~1938) 안중근 (1879~1910)		우장춘 (1898~1959) 방정환 (1899~1931)	유관순 (1902~1920) 윤봉길 (1908~1932)	이중섭 (1916~1956)		백남준 (1932~2006)		이태석 (1962~2010)						

	1700	1800	1850	1860	1870	1880	1890	1900	1910	1920	1930	1940	1950	1970	1980	1990	2000
시대	조선 시대				1876 개화기			1897 대한 제국	1910 일제 강점기				1948 대한민국				

조선: 이승훈 천주교 전도 (1784) / 최제우 동학 창시 (1860) / 김정호 대동여지도 제작 (1861) / 강화도 조약 체결 (1876) / 지석영 종두법 전래 (1879) / 갑신정변 (1884) / 동학 농민 운동, 갑오개혁 (1894) / 대한 제국 성립 (1897) / 을사조약 (1905) / 헤이그 특사 파견, 고종 퇴위 (1907) / 한일 강제 합방 (1910) / 3·1 운동 (1919) / 어린이날 제정 (1922) / 윤봉길·이봉창 의거 (1932) / 8·15 광복 (1945) / 대한민국 정부 수립 (1948) / 6·25 전쟁 (1950~1953) / 10·26 사태 (1979) / 6·29 민주화 선언 (1987) / 서울 올림픽 개최 (1988) / 북한 김일성 사망 (1994) / 의약 분업 실시 (2000)

| | 근대 사회 | | | | | | | 1900 | | | | 현대 사회 | | | | | |

세계: 미국 독립 선언 (1776) / 프랑스 대혁명 (1789) / 청·영국 아편 전쟁 (1840~1842) / 미국 남북 전쟁 (1861~1865) / 베를린 회의 (1878) / 청·프랑스 전쟁 (1884~1885) / 청·일 전쟁 (1894~1895) / 헤이그 평화 회의 (1899) / 영·일 동맹 (1902) / 러·일 전쟁 (1904~1905) / 제1차 세계 대전 (1914~1918) / 러시아 혁명 (1917) / 세계 경제 대공황 시작 (1929) / 제2차 세계 대전 (1939~1945) / 태평양 전쟁 (1941~1945) / 국제 연합 성립 (1945) / 소련 세계 최초 인공위성 발사 (1957) / 제4차 중동 전쟁 (1973) / 소련 아프가니스탄 침공 (1979) / 미국 우주 왕복선 콜롬비아호 발사 (1981) / 독일 통일 (1990) / 유럽 11개국 단일 통화 유로화 채택 (1998) / 미국 9·11 테러 (2001)

세계 인물: 워싱턴 (1732~1799) / 페스탈로치 (1746~1827) / 모차르트 (1756~1791) / 나폴레옹 (1769~1821) / 링컨 (1809~1865) / 나이팅게일 (1820~1910) / 파브르 (1823~1915) / 노벨 (1833~1896) / 에디슨 (1847~1931) / 가우디 (1852~1926) / 라이트 형제 (형, 윌버 1867~1912 / 동생, 오빌 1871~1948) / 마리 퀴리 (1867~1934) / 간디 (1869~1948) / 아문센 (1872~1928) / 슈바이처 (1875~1965) / 아인슈타인 (1879~1955) / 헬렌 켈러 (1880~1968) / 테레사 (1910~1997) / 만델라 (1918~2013) / 마틴 루서 킹 (1929~1968) / 스티븐 호킹 (1942~2018) / 오프라 윈프리 (1954~) / 스티브 잡스 (1955~2011) / 빌 게이츠 (1955~)

77

2024년 7월 10일   2판 12쇄 **펴냄**
2013년 10월 25일   2판 1쇄 **펴냄**
2008년 1월 20일   1판 1쇄 **펴냄**

펴낸곳 (주)효리원
펴낸이 윤종근
글쓴이 김병규 · **그린이** 이태호
사진 제공 중앙포토
등록 1990년 12월 20일 · **번호** 2-1108
우편 번호 03147
주소 서울시 종로구 삼일대로 457, 406호
전화 02)3675-5222 · **팩스** 02)765-5222

ⓒ 2008 · 2013, (주)효리원

잘못 만들어진 책은 구입하신 서점에서 바꾸어 드립니다.
ISBN 978-89-281-0297-6 64990

이메일 hyoreewon@hyoreewon.com
홈페이지 www.hyoreewon.com